Lies 2 richtig

AF202608

Erarbeitet von   Heike Baligand

Illustriert von   Antje Hagemann

westermann

Die neuen Schulsachen

Jan fährt mit seiner Mutter in die Stadt.

Sie wollen Schulsachen für die zweite Klasse kaufen.

Schreibwaren gibt es im Kaufhaus.

Jan nimmt einen Einkaufskorb.

5 Zuerst suchen sie die Mappen. Jan braucht vier Mappen.

Sie sollen rot, blau, gelb und grün sein.

Dann legen sie zwei große Hefte und zwei kleine Hefte in den Korb.

Die großen Hefte haben rote Umschläge, die kleinen Hefte blaue.

Danach suchen sie einen großen Zeichenblock und einen Tuschkasten.

10 Der Tuschkasten soll zwölf Farben haben.

Jetzt fehlen noch sechs Buntstifte und ein neuer Anspitzer.

1 Unterstreiche im Text alle Schulsachen,
die Jan mit seiner Mutter kauft.

2 Male die neuen Schulsachen in den richtigen Farben an.
Eine Sache fehlt. Male sie in das Bild.

3 Lies die Sätze. Betone das unterstrichene Wort.
Kreuze das richtige Bild an.
Lies die Sätze einem anderen Kind vor.

Ich suche ein <u>kleines</u> blaues Heft.

Ich suche ein kleines <u>blaues</u> Heft.

Ich brauche eine <u>rote</u> Mappe.

Ich brauche eine rote <u>Mappe</u>.

<u>Mama</u> bezahlt die Schulsachen.

Mama bezahlt die <u>Schulsachen</u>.

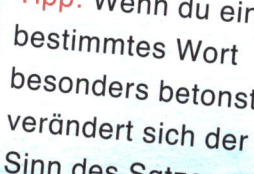

Tipp: Wenn du ein bestimmtes Wort besonders betonst, verändert sich der Sinn des Satzes.

4 Kreuze die richtige Antwort an.

Mit wem ist Jan in die Stadt gefahren?

Großmutter	Mutter	Vater
A	P	K

Für welche Klasse wollen sie Schulsachen kaufen?

zweite	dritte	erste
I	X	B

Was suchen sie zuerst?

Spielzeug	Blumen	Mappen
P	S	N

Welche Farbe haben die Umschläge der großen Hefte?

rosa	rot	orange
Z	S	M

Wie viele Farben soll der Tuschkasten haben?

zwölf	zehn	zwanzig
E	T	G

Tipp: Die Antworten findest du im Text.

Welche Stifte braucht Jan?

Bleistifte	Buntstifte	Filzstifte
R	L	V

Das Lösungswort lautet:

5 Welcher Satz passt zum Text?
Verbinde.

Jan fährt mit seiner Mutter

an den Strand.
in den Zoo.
in die Stadt.

In der Stadt wollen sie

Eis essen.
Schulsachen kaufen.
die Tante besuchen.

Jan braucht für die zweite Klasse

eine grüne Hose.
neue Mappen und Hefte.
einen kleinen Hamster.

Der neue Tuschkasten soll

gut riechen.
ganz leicht sein.
zwölf Farben haben.

6 Welche Schulsachen hast du für das neue Schuljahr bekommen?
Male oder schreibe.

Klassendienste

Frau Müller ist die Klassenlehrerin der Klasse 2b.

In der ersten Schulwoche bespricht sie mit den Kindern

die neuen Klassendienste.

Immer zwei Kinder übernehmen für eine Woche

5 einen bestimmten Dienst.

Der Tafeldienst wischt die Tafel und holt Kreide beim Hausmeister.

Der Blumendienst muss zweimal in der Woche die Blumen gießen.

Der Getränkedienst ist für die Getränke zuständig.

Die Getränke werden in der ersten großen Pause geholt.

10 Nach der letzten Stunde müssen die leeren Flaschen wieder

zum Hausmeister zurückgebracht werden.

Der Aufräumdienst passt auf, dass nach der letzten Stunde alle Stühle

auf den Tischen stehen und das Klassenzimmer ordentlich ist.

1 Unterstreiche im Text alle Dienste, die es in der Klasse 2b gibt.

2 Trage die richtigen Namen der Kinder in das Bild ein.

INDRA

3 Kreuze die richtige Antwort an.

	stimmt	stimmt nicht
Frau Müller ist Klassenlehrerin der Klasse 2b.		
Nach einer Woche wird der Klassendienst gewechselt.		
Der Blumendienst muss immer Blumen kaufen.		
Der Getränkedienst gießt die Getränke ein.		
Der Hausmeister stellt die Stühle auf die Tische.		

4 Welcher Satz passt zum Text?
Verbinde.

Die Klassenlehrerin

schreibt das Datum an die Tafel.
bespricht mit den Kindern die Übungen.
bespricht die neuen Klassendienste.

Peter und Annika müssen

die Getränke vom Hausmeister holen.
dem Hausmeister im Garten helfen.
das Getränkegeld einsammeln.

Der Blumendienst muss

zweimal am Tag die Blumen gießen.
dreimal in der Woche die Blumen gießen.
zweimal in der Woche die Blumen gießen.

Die leeren Flaschen

werden mit nach Hause genommen.
kommen in den Altglasbehälter.
werden zum Hausmeister zurückgebracht.

Die Klassendienste werden

von den Eltern übernommen.
von den Kindern übernommen.
von der Lehrerin übernommen.

Der Tafeldienst

gießt die Blumen.
wischt die Tafel.
holt die Getränke.

5 Lies genau!

Setze die richtigen Wörter aus dem Text ein.

Der Blumendienst muss _____ in der Woche die Blumen

gießen. Der _____ ist für die Getränke zuständig.

Die Getränke werden in der ersten _____ Pause geholt.

Nach der letzten Stunde müssen die leeren _____ wieder

zum Hausmeister zurückgebracht werden.

Der Aufräumdienst passt auf, dass nach der letzten Stunde alle Stühle

auf den _____ stehen und das Klassenzimmer ordentlich ist.

6 Welche Klassendienste gibt es bei dir in der Klasse?

Male oder schreibe.

Der kleine Regenwurm

Bei Regenwetter und bei Sturm,
da wollte ein kleiner Regenwurm
die Straße überqueren.
Er ließ sich nicht belehren.

5 Die Mutti sagt: „Bleibe hier."
Jedoch das kleine dumme Tier
gab nichts auf diese Stimme,
und das war grad das Schlimme.

Die Straße ist ein Tummelplatz
10 zur Not vielleicht noch für den Spatz,
und dieser, der kann fliegen
und ist nicht leicht zu kriegen.

Der kleine Wurm ist schlechter dran,
weil doch ein Wurm nicht fliegen kann.
15 War noch so jung an Jahren,
er wurde überfahren.

Robert K. Hängekorb

Tipp: Wenn Wörter am Ende ähnlich klingen, ist das ein Reim. Reimwörter sind z. B.: Puppe, Suppe.

Tipp: Ähnliche Abschnitte in einem Gedicht heißen Strophen.

1 Unterstreiche die Reimwörter im Gedicht jeweils mit einer Farbe.

2 Vergleiche die Texte mit den Bildern.
Welcher Text passt zu welchem Bild?
Schreibe den dazugehörenden Buchstaben in das Kästchen
unter dem Bild.

A   Regenwürmer sind nützliche Tiere.
Sie fressen abgestorbene Pflanzenteile.
Außerdem durchwühlen Regenwürmer die Erde
und machen sie schön locker.

B   Regenwürmer leben in einer Wohnröhre in der Erde. Wenn es
regnet, verlassen sie die Wohnröhre und kriechen auf
die Erdoberfläche. Regenwürmer atmen durch die Haut.
Bei Regen sickert das Wasser in die Wohnung der Regenwürmer.
Sie können bei starkem Regen in der Erde nicht überleben.

C   Regenwürmer können vorwärts und rückwärts kriechen.
Wenn der Regenwurm seine Muskeln zusammenzieht, wird er
an dieser Stelle ganz dick. Das zieht ihn dann in diese Richtung.

D   Der Regenwurm hat viele Feinde. Sehr gefährlich für ihn
sind Vögel, der Marder, der Igel, der Fuchs und der Dachs.
Unter der Erde wird der Regenwurm vom Maulwurf bedroht.

3 Kreuze die richtige Antwort an.

Tipp: Die Antworten findest du im Gedicht.

Von welchem Tier handelt das Gedicht?

Bandwurm	Regenwurm	Wattwurm
P	F	W

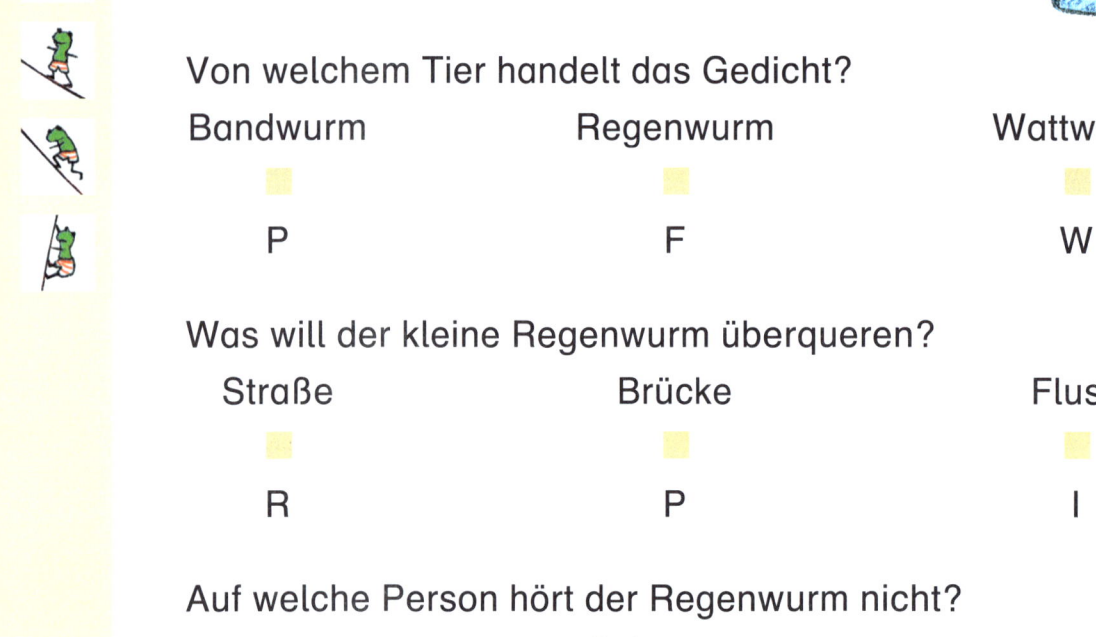

Was will der kleine Regenwurm überqueren?

Straße	Brücke	Fluss
R	P	I

Auf welche Person hört der Regenwurm nicht?

Vater	Schwester	Mutter
L	M	O

Der Spatz wird nicht überfahren, weil er was kann?

piepsen	fliegen	zaubern
O	S	Z

Bei welchem Wetter kriecht der Regenwurm auf die Straße?

Regen	Sonnenschein	Schnee
C	H	B

Wie ist der Regenwurm im Gedicht?

schlau	sportlich	dumm
S	T	H

Das Lösungswort lautet:

4 Schreibe die Reimwörter aus dem Gedicht auf.

Sturm	überqueren	hier	Stimme
Regenwurm			

5 Finde Reimwörter und schreibe sie auf.

Baum	Wanne	Blitze	Hunde
Traum	K	W	W
R	T	R	R

6 Das Gedicht könnte auch gut ausgehen.
Ergänze die Reimwörter.
Lies die beiden Strophen einem anderen Kind vor.

Der kleine Wurm ist doch nicht dumm,

dreht an der Straße ganz schnell _____ .

Er kriecht doch lieber in den Garten,

weil dort seine Freunde _____ .

Sie finden dort ein grünes Blatt

und essen sich erst einmal _____ .

Dann graben sie sich in die Erde ein,

denn in der Wohnröhre ist es _____ .

Der kleine Drache kommt

Der folgende Text stammt aus dem Buch
„Hanno malt sich einen Drachen"
von der Autorin Irina Korschunow.
Es handelt von dem Jungen Hanno,
der mit Hilfe eines Drachens
seine Probleme löst.

Tipp: Jemand, der Bücher schreibt, ist ein Autor oder eine Autorin.

Traurig trottet Hanno durch den Park nach Hause.

Bei der großen Buche steht eine Bank.

Hanno setzt sich hin. Er merkt nicht einmal, wie kalt es ist.

Mit einem trockenen Zweig malt er

5 Striche und Kringel und einen Kreis in den Sand.

Da sieht er etwas! Er sieht, wie aus dem Kreis ein Kopf wird.

Kein gemalter! Ein richtiger, lebendiger Kopf guckt

aus der Erde heraus. Ein kleiner schwarzer Kopf mit einer roten Zunge

und einer Nase. Und aus der Nase ringelt sich dunkler Rauch.

10 „Guten Tag", sagt der kleine schwarze Kopf zu Hanno. „Was bist du

denn für ein komisches Ding? So einen komischen Drachen wie dich

habe ich noch nie gesehen."

„Drache?", fragt Hanno. „Ich? Ich bin doch ein Mensch!"

1 Unterstreiche im Text,
wie der kleine Drache aussieht.

2 Kreuze die richtige Antwort an.

- Hanno trottet glücklich durch den Park nach Hause.
- Hanno trottet hungrig durch den Park nach Hause.
- Hanno trottet traurig durch den Park nach Hause.

- Aus der Erde guckt ein schwarzer Dackel.
- Aus der Erde guckt ein schwarzer Drache.
- Aus der Erde guckt ein schwarzer Dinosaurier.

- Aus der Nase des Drachens kommt heller Rauch.
- Aus der Nase des Drachens kommt dunkler Rauch.
- Aus der Nase des Drachens kommt blauer Rauch.

3 Lies die Sätze mit unterschiedlicher Stimme.
Lies die Sätze einem anderen Kind vor.

lustig   böse   ängstlich   geheimnisvoll

A Ein richtiger, lebendiger Kopf guckt aus der Erde heraus.
B Was bist du denn für ein komisches Ding?
C Ich bin doch ein Mensch!

4 Lies noch einmal den Text auf Seite 14.
Achte dabei auf deine Stimme.
Trage deiner Klasse den Text vor.

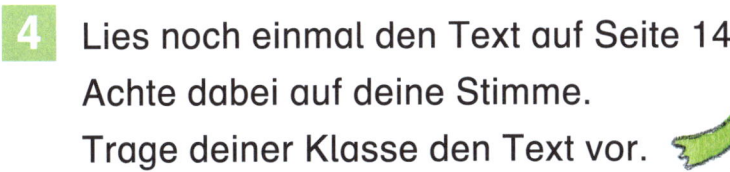

Tipp: Wenn du deine Stimme beim Lesen veränderst, ändert sich die Wirkung des Satzes.

5 Lies die Sätze und ergänze im Bild was fehlt.

Hanno hat einen roten Pullover und eine blaue Hose an.

Sein Schulranzen liegt neben der Bank.

Hinter der Bank steht ein großer Baum.

Unter dem Baum blühen blaue Blumen.

Hanno hält einen braunen Zweig in der Hand.

Vor ihm steht ein kleiner schwarzer Drache.

Der Drache hat eine rote Zunge und blaue Augen.

Aus seiner Nase kommen dunkle Rauchwolken.

6 Verbinde die passenden Satzteile miteinander.

Traurig trottet Hanno   malt Hanno Striche in den Sand.

Bei der großen Buche   durch den Park nach Hause.

Mit einem trockenen Zweig   steht eine Bank.

Ein kleiner schwarzer Kopf   dunkler Rauch.

Aus der Nase ringelt sich   guckt aus der Erde heraus.

7 Lies genau. Ein Wort ist in jedem Satz falsch.
Streiche das falsche Wort durch, und schreibe das richtige darüber.

trottet

Traurig ~~rennt~~ Hanno durch den Park nach Hause.

_____

Er merkt nicht einmal, wie warm es ist.

_____

Er sieht, wie aus dem Kreis ein Topf wird.

_____

Und aus der Lokomotive ringelt sich dunkler Rauch.

_____

„Was bist du denn für ein komisches Monster?"

Rezept für ein Fitnessmüsli

Zutaten (für zwei Personen):	Küchengeräte:
6 EL Cornflakes	2 Schälchen
200 g Joghurt	1 Esslöffel
2 TL flüssiger Honig	1 Teelöffel
2 EL Zitronensaft	1 Zitronenpresse
2 Tassen frisches Obst	1 Tasse
(z. B. Erdbeeren, Kiwi,	1 Küchenmesser
Äpfel, Birne, Banane)	
1 EL Schokoladenstreusel	

Zubereitung

1. Zuerst verteilst du die Cornflakes auf zwei Schälchen.
   Dann gibst du den Honig und den Joghurt über die Cornflakes.
   Mit einem Teelöffel verrührst du diese Zutaten.

2. Danach schneidest du eine Zitrone mit dem Messer
   in der Mitte durch und presst den Saft aus. Den Saft gibst du
   über die angerührten Cornflakes und mischst wieder alles.

3. Jetzt wäschst du das Obst und schneidest es in kleine Stücke.
   Das Obst rührst du dann ebenfalls unter die Cornflakes.

4. Zum Schluss verteilst du die Schokoladenstreusel über das Müsli.

Guten Appetit!

1 Lies die Zubereitung für das Fitnessmüsli.
Unterstreiche dort die Zutaten.

Tipp: EL bedeutet Esslöffel.
TL bedeutet Teelöffel.

18

2 Welcher Satz passt zum Rezept?
Verbinde.

In das Fitnessmüsli gehören

Haferflocken und Honig.
Cornflakes und Honig.
Cornflakes und Marmelade.

Die Zitrone wird

durchgeschnitten und ausgepresst.
klein geschnitten und ausgekocht.
angeschnitten und ausgestopft.

Das Obst musst du

waschen und auspressen.
waschen und klein schneiden.
waschen und mixen.

Auf das Müsli

streust du Schokoladenstreusel.
streichst du Marmelade.
streust du gehackte Mandeln.

In der Zubereitung steht,

wie oft man ein Müsli essen soll.
welche Sportler Müsli essen.
wie man das Müsli zubereitet.

Ein Fitnessmüsli isst man

zum Frühstück.
zum Nachtisch.
während des Unterrichts.

3 Ordne die Textabschnitte von Seite 18 den Bildern zu.
Schreibe die passenden Nummern in das Kästchen.

4 Lies den Text einem anderen Kind vor.
Ergänze beim Lesen die fehlenden Buchstaben.

Zubereitung

1. Zuerst verteilst du die 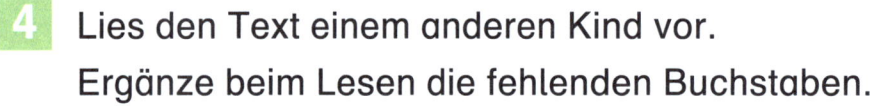flakes auf zwei Schälchen.
Dann gibst du den Honig und den Jo⬤ über die Cornflakes.
Mit einem Teel⬤ verrührst du diese Zutaten.

2. Danach schnei⬤ du eine Zit⬤ mit dem Messer
in der Mitte durch und presst den Sa⬤ aus. Den Saft gibst du
über die angerührten Corn⬤ und mischst wieder alles.

3. Jetzt wäschst du das Obst und ⬤dest es in kleine Stücke.
Das O⬤ rührst du dann ebenfalls unter die Cornflakes.

4. Zum Schluss verteilst du die Scho⬤denstreusel über das Müsli.

Guten Appetit!

5 Lies den Text genau.

Unterstreiche alle Zeilen rot, die zum Kartoffelsalat passen.

Unterstreiche dann alle Zeilen grün, die zum Obstsalat passen.

Für den Obstsalat brauchst du viel frisches Obst.

Zuerst wäschst du die Kartoffeln.

Du wäschst das Obst und holst dir ein Schneidebrett.

Sie werden in Salzwasser gar gekocht.

Das Obst schneidest du in kleine Stücke oder Scheiben.

Aus Mayonnaise und frischer Gurke machst du eine Soße.

Die Obststücke mischst du mit Zitronensaft und Honig.

Die Soße wird mit Salz und Pfeffer gewürzt.

Auf den Salat kannst du gehackte Mandeln streuen.

Nun musst du die Kartoffeln pellen, in Scheiben schneiden

und zu der Mayonnaise geben.

Schlagsahne schmeckt gut zu dem Salat.

Zum Schluss garnierst du den Salat mit Petersilie.

6 Lies einem anderen Kind beide Rezepte nacheinander vor.

7 An welchen Wörtern hast du erkannt, dass es das Rezept
für den Kartoffelsalat ist? Schreibe die Wörter auf.

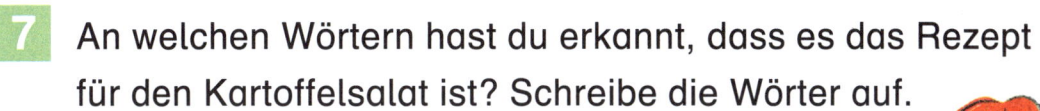

_____

_____

_____

_____

Fabel von den beiden Ziegen

Zwei Ziegen begegneten sich auf einer schmalen Brücke,
die über einen tiefen Bach führte.
Die eine wollte auf die rechte Seite,
die andere auf die linke Seite des Baches.

5 „Geh mir aus dem Weg!", sagte die eine.
„Kommt nicht in Frage", rief die andere. „Geh du zurück
und lass mich hinüber. Ich war zuerst auf der Brücke."
„Was fällt dir ein?", sagte die erste. „Ich bin älter als du.
Ich gehe nicht zurück. Niemals!"

10 Keine wollte nachgeben. Jede wollte zuerst hinüber.
Sie wurden so zornig, dass sie mit ihren Hörnern
gegeneinanderrannten.
Dabei verloren beide das Gleichgewicht
und stürzten von der Brücke in den Bach.

15 Zum Glück war ein Hirte in der Nähe. Er rettete beide Ziegen.

> **Tipp:** Eine Fabel ist
> eine kurze Geschichte,
> in der Tiere sich wie
> Menschen verhalten
> und reden können.

1 Unterstreiche im Text, was die Ziegen sagen.

2 Kreuze die richtige Antwort an.

	stimmt	stimmt nicht
Auf einer schmalen Brücke treffen sich zwei Schafe.		
Die Tiere streiten sich, weil keines zurückgehen will.		
Das eine Tier geht freiwillig von der Brücke.		
Die Tiere werden so böse, dass sie gegeneinanderrennen.		
Die Ziegen stoßen sich mit ihren Hörnern.		
Am Ende der Geschichte sind beide Tiere ganz trocken.		
Die Ziegen werden von einem Fischer gerettet.		

3 Lies genau! Setze die richtigen Wörter aus dem Text ein.

Zwei _____ begegneten sich auf einer _____ Brücke,

die über einen _____ Bach führte.

Die eine wollte auf die _____ Seite,

die andere auf die _____ Seite des Baches.

„Geh mir aus dem Weg!", _____ die eine.

„Kommt nicht in Frage", _____ die andere. „Geh du zurück

und lass mich hinüber. Ich war _____ auf der Brücke."

„Was fällt dir ein?", sagte die erste. „Ich bin _____ als du.

Ich gehe nicht _____. Niemals!"

23

4 Lies die Sätze. Betone das unterstrichene Wort.
Kreuze das richtige Bild an.
Lies die Sätze einem anderen Kind vor.

<u>Zwei</u> Ziegen begegnen sich auf einer schmalen Brücke.

Zwei <u>Ziegen</u> begegnen sich auf einer schmalen Brücke.

Zwei Ziegen begegnen sich auf einer <u>schmalen</u> Brücke.

Zwei Ziegen begegnen sich auf einer schmalen <u>Brücke</u>.

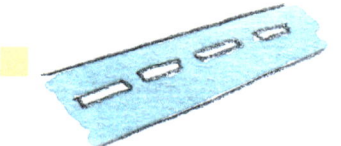 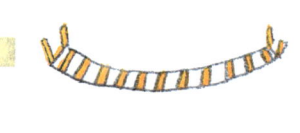

5 Damit man den Text verstehen kann, musst du beim Lesen
Pausen machen. Ziehe dort einen Strich | , wo du eine Pause
machen möchtest. Achte auf den Sinn!
Lies den Text einem anderen Kind vor.

Die Ziege ist ein Nutztier die
weibliche Ziege wird auch Zicke
genannt die männliche Ziege heißt
Bock Ziegen geben den Menschen
Fleisch Milch und Leder Ziegen
fressen Blätter Kräuter und Gras
Ziegen können gut klettern darum
werden sie im Gebirge oft als
Haustiere gehalten

6 Welcher Text passt zu welchem Bild?
Schreibe den zugehörigen Buchstaben in das richtige Kästchen.

A Nina und Sabine wollen sich verkleiden. Sie kramen
in der Verkleidungskiste. Beide Mädchen wollen das
Clownskostüm anziehen. Nina sagt: „Ich habe es zuerst entdeckt."
Sabine antwortet: „Nein, ich will es haben." Sie ziehen beide
an dem Kostüm. Plötzlich zerreißt das Kostüm in zwei Teile.

B Am Samstag haben Nico und Sarah Besuch von ihren Großeltern.
Sie wollen zusammen Kaffee trinken. Es gibt viele verschiedene
Kuchensorten. Nico möchte den Schokoladenkuchen essen. Sarah
hat sich dieses Stück auch ausgesucht. Sie teilen den Kuchen in
zwei Teile.

C Am Sonntagmorgen sitzt Familie Müller am Frühstückstisch.
Sandra hat Brötchen gekauft und Mario hat den Tisch gedeckt.
Beide Kinder haben großen Hunger und greifen gleichzeitig nach
dem Brötchenkorb. Weil jedes zuerst den Korb haben will,
stoßen sie ihn in der Eile vom Tisch. Jetzt liegen alle Brötchen
auf dem Boden.

D Philipp und Jana haben sich am Nachmittag verabredet.
Sie wollen einen Vortrag über Hunde vorbereiten. Philipp will
etwas über die Pflege von Hunden erzählen und Jana über
die Ernährung. Beide brauchen den Computer. Sie einigen sich
darauf, dass jeder 15 Minuten ins Internet darf.

Auf dem Spielplatz

Einige Kinder der Klasse 2b treffen sich
am Donnerstagnachmittag auf dem Spielplatz.
Der Spielplatz liegt neben der Schule und ist sehr groß.
Es gibt viele Bäume, auf denen man klettern kann.
5 Für die kleinen Kinder gibt es eine große Sandkiste.
Auf dem Spielplatz stehen auch Spielgeräte.
Es gibt Klettergerüste, Schaukeln, Wippen,
eine Rutsche und ein Drehkarussell.
Lena und Steffen klettern ganz hoch auf das Klettergerüst.
10 Marcus und Indra drehen sich auf dem Karussell.
Susi und Mara balancieren über einen Balken.
Andere Kinder sitzen im Sandkasten und erzählen.
Lukas hat einen Ball mitgebracht.
Er möchte Fußball spielen.
15 Plötzlich rufen zwei Kinder aus dem Baumhaus:
„Wir wollen auch mitspielen." Es sind Paul und Sascha.

1 Unterstreiche im Text:
Alle Mädchennamen rot. Es gibt _____ Mädchennamen.
Alle Jungennamen blau. Es gibt _____ Jungennamen.

2 Schreibe die Namen der Kinder in das Bild.

3 Lies die Sätze und ergänze im Bild was fehlt.

Susi hat eine Blume in der Hand.

Neben dem Kopf von Marcus fliegt ein Schmetterling.

Neben der Leiter liegen zwei Schuhe im Gras.

Steffen hat eine Mütze auf dem Kopf.

Aus dem Baumhaus hängt eine Fahne.

Sascha hat eine Banane in der Hand.

4 Kreuze die richtige Antwort an.

An welchem Tag treffen sich die Kinder der Klasse 2b?

Mittwoch	Donnerstag	Freitag
☐	☐	☐
B	W	S

Neben welchem Gebäude befindet sich der Spielplatz?

Schule	Kindergarten	Supermarkt
☐	☐	☐
I	L	V

Was gibt es auf dem Spielplatz?

Hängebrücke	Kriechtunnel	Baumhaus
☐	☐	☐
H	U	P

Welches Mädchen ist auf das Klettergerüst geklettert?

Indra	Lena	Mara
☐	☐	☐
X	P	N

Ein Kind hat etwas mitgebracht. Es ist ein ...

Auto	Springseil	Ball
☐	☐	☐
J	Z	E

Das Lösungswort lautet: ☐ ☐ ☐ ☐ ☐

5 Welcher Satz passt zum Text?
Verbinde.

Ein Spielplatz ist ein Ort für

Bäcker und Dachdecker.
Kinder und Schüler.
Lehrer und Eltern.

Auf einem Spielplatz kann man

klettern und turnen.
schwimmen und tauchen.
kochen und backen.

Auf einem Spielplatz gibt es

Wohnwagen.
Hochhäuser.
Klettergerüste.

6 Lies den Text einem anderen Kind vor.
Ergänze beim Lesen die fehlenden Buchstaben.

Das Fußballspiel

Lukas teilt die Kinder in zwei Mannein.
In jeder schaft spielen vier Kinder. Paul ist der Schieds.
Die Kinder haben die Tore mit Jacken und Pullmarkiert.
Paul pfeift das Spiel an.
Die Mannschaft, in der Indra spi, schießt das erste Tor.
Aber nach zehn nuten kommt der Ausgleich.
Zur Pausteht es 1:1.
Nach der Pause möchte jede Mannschaft noch ein Tor eßen.
Doch am Ende bleibt es beim 1:1 unentschieden.

Tierkinder

Name: Cora
geboren: 27. März
Heimat: Afrika

Am Sonntag machen Moritz und Tina
mit ihren Eltern einen Ausflug in den Zoo.
Im Frühling wurden hier viele Tierbabys geboren.
Vor den Gehegen sind Schilder aufgestellt.
5 Auf denen stehen Namen und Geburtstage der Tiere.
Außerdem erfährt man, wo die Heimat der Tiere ist.

Name: Knut
geboren: 22. April
Heimat: Afrika

Zuerst geht die Familie zu den Schimpansen.
Das sind Tinas Lieblingstiere.
Das Schimpansenkind sitzt auf dem Rücken seiner Mutter.
10 Es schaut die Zoobesucher neugierig an.

Auch bei den Giraffen gibt es Nachwuchs.
Das Giraffenkind bleibt immer ganz nah bei der Mutter.
Es war bei der Geburt schon 1,34 m groß.

Tinas Mutter mag Koalabären sehr gerne.
15 Das Baby der Koalabären sieht aus wie ein Plüschtier.
Es hat sich zu einer Kugel eingerollt und schläft.
Alle warten, aber es will nicht aufwachen.

Name: Meiki
geboren: 20. März
Heimat: Australien

Zum Schluss besucht die Familie die Raubkatzen.
Der Tiger ist das Lieblingstier von Moritz.
20 Bei den Tigern gibt es gleich zwei Tierkinder.
Die Kleinen sehen gar nicht gefährlich aus.
Sie spielen miteinander.

1 Unterstreiche alle Tierarten im Text.

Name: Miko
geboren: 14. März
Heimat: Indien

Name: Lola
geboren: 18. März
Heimat: Indien

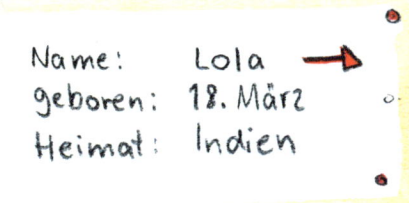

30

2 Welches Tierkind hat an diesem Datum Geburtstag?

| 14. März | 18. März | 20. März | 27. März | 22. April |

Miko

3 Lies die Sätze und ergänze im Bild was fehlt.

Ein kleiner Tiger hat einen Stock im Maul.
Der andere beißt in einen roten Ball.
Im Tigergehege steht ein großer Baum.
Auf dem Baum sitzen zwei schwarze Vögel.
Die Vögel haben gelbe Schnäbel.
Es gibt auch drei riesige Felsen im Gehege.
Der Felsen in der Mitte ist am größten.
Vor den Felsen liegt ein großer Ast.

4 Lies die Fragen und Antworten mit einem anderen Kind.
Unterstreicht die Wörter, die ihr besonders betonen müsst.

Magst du Schlangen?
Mag Lisa Affen?
Findest du Affen blöd?

Nein, ich mag Affen.
Nein, ich mag Affen.
Nein, ich mag Affen.

Fressen Pinguine Bananen?
Fressen Affen Fische?
Spielen Pinguine mit Fischen?

Nein, Pinguine fressen Fische.
Nein, Pinguine fressen Fische.
Nein, Pinguine fressen Fische.

Leben Giraffen in Deutschland?
Leben Eisbären in Afrika?
Reisen Giraffen in Afrika?

Nein, Giraffen leben in Afrika.
Nein, Giraffen leben in Afrika.
Nein, Giraffen leben in Afrika.

Fliegen Störche nach Australien?
Fliegen Spatzen nach Afrika?
Schwimmen Störche nach Afrika?

Nein, Störche fliegen nach Afrika.
Nein, Störche fliegen nach Afrika.
Nein, Störche fliegen nach Afrika.

Spielen Seelöwen im Wald?
Spielen Wölfe im Wasser?
Schlafen Seelöwen im Wasser?

Nein, Seelöwen spielen im Wasser.
Nein, Seelöwen spielen im Wasser.
Nein, Seelöwen spielen im Wasser.

5 Lies genau.
Ein Wort ist in jedem Satz falsch.
Streiche das falsche Wort durch, und schreibe das richtige darüber.

Frühling

Im ~~Sommer~~ wurden hier viele Tierbabys geboren.

_____

Vor den Gehegen sind Tische aufgestellt.

_____

Das Giraffenkind schläft immer ganz nah bei der Mutter.

_____

Tinas Vater mag Koalabären sehr gerne.

_____

Der Löwe ist das Lieblingstier von Moritz.

_____

Bei den Tigern gibt es gleich vier Tierkinder.

6 Es gibt viele Gegner von Zoos.
Sie meinen, dass die Tiere dort eingesperrt sind.
Was denkst du? Male oder schreibe.

Pumuckl will auch lesen lernen

Der Text stammt aus dem Buch „Hallo,
hier Pumuckl" von der Autorin Ellis Kaut.
In dieser Geschichte möchte der kleine Kobold
wissen, wie man liest und schreibt.

Üblicherweise las Meister Eder die Tageszeitung
vor dem Frühstück … .
„Zeitunglesen ist grässlich langweilig! Aufhören!
Alle Zeitungen sind dumm. Tu doch die Zeitung weg!"
5 Pumuckl begann jetzt an der Zeitung zu zupfen.
„Lass das!", mahnte Eder.
„Warum soll ich das lassen?"
Pumuckl zupfte an einer anderen Zeitungsecke.
„Weil ich jetzt endlich wissen will, was auf der Welt geschieht!"
10 „Wenn du das wissen willst, will ich es aber auch wissen!"
Wieder zupfte der Pumuckl an der Zeitung.
„Pumuckl, lass mich jetzt in Ruhe lesen, zum Kuckuck!"
Der Pumuckl aber kletterte flink auf Eders Schoß und setzte sich
genau zwischen Eder und die Zeitung.
15 „Will auch lesen!", behauptete er dabei.
„Das kannst du nicht!" Eder hielt die Zeitung so,
dass er über den Pumuckl hinweg lesen konnte.
„Wie liest man denn?", wollte der Pumuckl wissen.
„Mit den Augen", erklärte Eder.
20 Der Pumuckl rollte mit den Augen.
„Meine Augen lesen aber kein bisschen!"
Meister Eder musste lächeln.
„Weil du die Buchstaben nicht kennst."
„Buchstaben?" Der Pumuckl schüttelte
25 nachdenklich seinen Wuschelkopf.
„Was ein Buch ist, weiß ich ja – aber was ist ein Stabe?"

1 Kreuze die richtige Antwort an.

Meister Eder las eine

☐ Fernsehzeitung. ☐ Tageszeitung. ☐ Computerzeitung.

Pumuckl zupfte an der

☐ Zeitungsschnecke. ☐ Zeitungsdecke. ☐ Zeitungsecke.

Pumuckl kletterte flink auf Meister Eders

☐ Rücken. ☐ Schoß. ☐ Schulter.

Meister Eder möchte wissen, was geschieht in der

☐ Wohnung. ☐ Schule. ☐ Welt.

2 Du bist jetzt in der zweiten Klasse und kannst schon lesen.
Besprich mit einem anderen Kind,
warum es schön ist zu lesen.
Schreibe oder male.

3 Lies die Sätze und ergänze im Bild, was fehlt.

Meister Eder hat einen braunen Pullover an.

Der kleine Pumuckl steht neben seinem Frühstücksteller.

Pumuckl hat knallrote Haare.

Er trägt ein gelbes T-Shirt und eine grüne Hose.

Die Nase von Pumuckl sieht aus wie ein kleiner roter Ball.

Auf dem Frühstückstisch stehen zwei Kaffeebecher.

Außerdem steht eine Vase mit drei gelben Blumen auf dem Tisch.

Meister Eder hat eine Brille auf.

4 Verbinde die richtigen Puzzleteile miteinander.

Tipp:
Achte auf den Reim.

ABCDE,

FGH und I,

J und K und L,

M N O P und Q,

R und S und T,

U V W X Y,

Jetzt fehlt nur noch das Z,

da seht ihr mal, das kommt davon.

da staunt sogar die Kuh.

Pumuckl liegt im Schnee.

sein Rücken tut ihm weh.

sein Schlitten war zu schnell.

aber er fährt nicht Ski.

Pumuckl fand es trotzdem nett.

5 Lies die Quatschsätze mit o.
Versuche es auch mit einem anderen Selbstlaut.
Lies den Text mit den richtigen Selbstlauten
einem anderen Kind vor.

Tipp:
Selbstlaute sind
a, e, i, o und u.

In der Schole lernt mon losen und schreiben.
In unsere Klosse gohen zwölf Jongen und zohn Mädchen.
In der Pause spielen wir auf don Klottergorüsten.
Wonn es rognet dürfen wir in der Pausenholle bleiben.
Ich osse in der Pause meistens eine Korotte.

Glühwürmchen

1. Glühwürmchen kann man von Ende Mai bis Ende Juli
   in warmen Sommernächten entdecken. In Gärten und Gebüschen
   schwirren sie als winzige Lichter durch die Nacht.
   Sie leuchten im Dunkeln, weil sie an ihrem Hinterleib
   Leuchtkörper haben.
   Diese leuchten auch am Tag. Aber da bemerkt man das Licht nicht.
   Die Glühwürmchen sehen dann aus wie Käfer.

2. Die weiblichen Glühwürmchen können nicht fliegen.
   Sie haben nur Flügelstummel und leben am Boden.
   Damit ein männliches Glühwürmchen sie bemerkt,
   müssen sie auf Gräser und Sträucher klettern.

3. Die männlichen Glühwürmchen können sehr gut fliegen.
   Auch sie haben Leuchtkörper am Hinterleib. Sie besitzen bräunliche
   Flügel mit Längsrippen.
   Männliche Glühwürmchen haben sehr gute Augen.
   Damit können sie die Weibchen entdecken.

4. Hat ein Männchen ein Weibchen gefunden,
   stirbt das Männchen kurz nach der Paarung.
   Das weibliche Glühwürmchen lebt noch einige Tage
   und legt die Eier im Waldboden ab.
   Dann stirbt auch das Weibchen.
   Die neuen Glühwürmchen wachsen ganz alleine auf.

1 Wie sieht das Glühwürmchen aus?
   Unterstreiche die Angaben zum weiblichen Glühwürmchen rot.
   Unterstreiche die Angaben zum männlichen Glühwürmchen blau.

2 Der Text auf Seite 38 hat vier Absätze.
Welche Überschriften könnten sie haben?
Ordne die Absatznummern der passenden Überschrift zu.

Die Fortpflanzung der Glühwürmchen   _____

Das männliche Glühwürmchen   _____

Der Lebensraum der Glühwürmchen   _____

Das weibliche Glühwürmchen   _____

Tipp: Ein Abschnitt eines Textes heißt Absatz.

Tipp: Ein anderes Wort für Paarung ist Fortpflanzung.

3 Welcher Satz passt zum Text?
Verbinde.

	Ende Mai bis Ende Juni.
Glühwürmchen sieht man von	Ende Mai bis Anfang Juli.
	Ende Mai bis Ende Juli.

	am Vorderleib.
Die Leuchtkörper sitzen	am Hinterleib.
	zwischen Kopf und Körper.

	leben am Boden im Gras.
Die weiblichen Glühwürmchen	leben unter der Erde.
	leben auf Laubbäumen.

	sehr gut rechnen.
Männliche Glühwürmchen können	sehr gut malen.
	sehr gut fliegen.

4 Kreuze die richtige Antwort an.

	stimmt	stimmt nicht
Glühwürmchen kann man in warmen Sommernächten sehen.		
Weibliche Glühwürmchen können gut fliegen.		
Männliche Glühwürmchen haben keine Leuchtkörper am Hinterleib.		
Das weibliche Glühwürmchen stirbt einige Tage nach der Eiablage.		
Männliche Glühwürmchen können nicht gut sehen.		

5 Lies genau.

Ein Wort ist in jedem Satz falsch.

Streiche das falsche Wort durch, und schreibe das richtige darüber.

fliegen

Die weiblichen Glühwürmchen können nicht ~~schwimmen~~.

Die Glühwürmchen sehen dann aus wie Kastanien.

Die männlichen Glühwürmchen können sehr schlecht fliegen.

Sie besitzen bräunliche Flügel mit Querrippen.

6 Lies den Text genau.

Unterstreiche alle Zeilen rot, die zum Glühwürmchen passen.

Unterstreiche dann alle Zeilen grün, die zum Regenwurm passen.

Regenwürmer leben unter der Erde.

Glühwürmchen leben auf dem Boden im Gras.

Die männlichen Tiere haben sehr gute Augen.

Sie können auch gut fliegen.

In der Dunkelheit sehen sie wie winzige Lichter aus.

Wenn es regnet, kriechen sie auf die Erdoberfläche.

Sie würden bei Regen in ihrer Wohnröhre ertrinken.

Die weiblichen Tiere klettern auf Gräser und Sträucher.

Sie wollen mit den Leuchtkörpern die Männchen anlocken.

7 Lies einem anderen Kind die getrennten Texte vor.

8 An welchen Wörtern hast du erkannt,

dass der Text zum Regenwurm passt?

Schreibe die Wörter auf.

_____

_____

Die drei Federn

Es war einmal ein König, der hatte drei Söhne. Die beiden älteren
waren schlau, aber der Jüngste wurde Dummling genannt.
Als der König alt geworden war, wollte er einen Nachfolger bestimmen.
Es sollte der König werden, der ihm den schönsten Teppich bringt.

5 Er blies drei Federn in die Luft, denen seine Söhne folgen sollten.
Die eine Feder flog nach Osten, die andere nach Westen. Aber die
Feder des Dummlings flog nicht weit. Sie fiel vor dem Palast auf einen
Stein. Der Dummling dachte: „Wo soll ich hier einen Teppich finden?"
Da bewegte sich der Stein und der Dummling entdeckte eine Treppe.

10 Vorsichtig stieg er hinunter und sah unter der Erde eine dicke Kröte.
Die Kröte fragte: „Was suchst du hier?" Der Dummling antwortete:
„Ich suche den schönsten Teppich." „Da kann ich dir helfen", sagte die
Kröte. Sie gab ihm einen wunderschönen Teppich.
Als die beiden Brüder sahen, dass der Teppich des Dummlings so

15 schön war, forderten sie eine zweite Aufgabe von ihrem Vater.
Der König ließ sich überreden und sagte: „Es soll der König werden,
der die schönste Frau mit ins Schloss bringt."
Wieder wurden die Federn geblasen und wieder landete die Feder
des Dummlings auf dem Stein vor dem Palast. Der Dummling stieg

20 noch einmal die Treppe hinab und bat die Kröte um Hilfe.
Da gab ihm die Kröte eine ausgehöhlte Rübe und spannte sechs Mäuse
davor. Als sie dann eine kleine Kröte in die Rübe setzte, wurde daraus
eine wunderschöne Prinzessin.
Die Rübe verwandelte sich in eine goldene Kutsche mit sechs Pferden.

25 So wurde der Dummling König und regierte lange in seinem Königreich.

nach Brüder Grimm

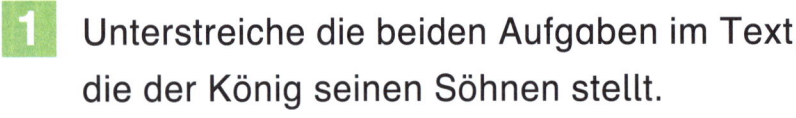

1 Unterstreiche die beiden Aufgaben im Text,
die der König seinen Söhnen stellt.

2 Kreuze die richtige Antwort an.

	stimmt	stimmt nicht
Der König hatte vier Söhne.		
Der jüngste Sohn wurde Dummling genannt.		
Eine Feder flog nach Norden, die andere nach Süden.		
Die Brüder sollten ihrem Vater einen schönen Teppich bringen.		
Der Dummling bekam Hilfe von einer kleinen Maus.		
Die Kröte spannte Maulwürfe vor die ausgehöhlte Rübe.		
Der mittlere Sohn wurde König.		

3 Verbinde die passenden Satzteile miteinander.

Die zwei ältesten Söhne des Königs   von einer Kröte.

Um König zu werden, müssen   landet vor dem Palast.

Drei Federn werden   in die Luft geblasen.

Die Feder des Dummlings   die Söhne Aufgaben erfüllen.

Der Dummling bekommt Hilfe   sind schlau.

43

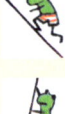

4 Ordne die Texte den Märchen zu.

Schreibe den passenden Buchstaben in das Kästchen.

Lies die Texte einem anderen Kind vor.

A Als sie mitten im Wald angekommen waren, sprach der Vater: „Nun sammelt Holz, ihr Kinder. Ich will ein Feuer anmachen, damit ihr nicht friert." Hänsel und Gretel trugen Äste zusammen und stapelten sie zu einem Haufen. Der Vater zündete das Feuer an. Als es gut brannte sagte die Frau: „Nun legt euch ans Feuer und ruht euch aus. Wir gehen in den Wald und hacken Holz. Wenn wir fertig sind, holen wir euch ab."

B Die böse Königin glaubte, dass Schneewittchen tot sei.
Sie trat vor den Spiegel und sprach:
„Spieglein, Spieglein an der Wand,
wer ist die Schönste im ganzen Land?"
Da antwortete der Spiegel:
„Frau Königin, Ihr seid die Schönste hier,
aber Schneewittchen über den Bergen
bei den sieben Zwergen
ist noch tausendmal schöner als Ihr."

Hänsel und Gretel

44

C Es war einmal ein kleines, niedliches Mädchen, das jeder lieb hatte. Besonders lieb hatte es die Großmutter. Sie schenkte dem Mädchen ein Käppchen aus rotem Samt. Dieses Käppchen stand dem Mädchen so gut, dass es nur noch Rotkäppchen genannt wurde. Eines Tages sagte die Mutter: „Rotkäppchen, die Großmutter ist krank. Bringe ihr ein Stück Kuchen."

D Die Königstochter fing an zu weinen und fürchtete sich vor dem kalten Frosch, der nun in ihrem Bett schlafen sollte. Der König aber wurde zornig und sprach: „Wer dir geholfen hat in deiner Not, den sollst du jetzt nicht verachten."
Da packte die Königstochter den Frosch mit zwei Fingern, trug ihn auf ihr Zimmer und setzte ihn in eine Ecke. Als sie aber im Bett lag, kam er angekrochen und sprach: „Ich bin müde, ich will auch in einem Bett schlafen. Heb' mich herauf, oder ich sage es deinem Vater."

Schneewittchen

Rotkäppchen

Der Froschkönig

Lies richtig – Tipps für Leseprofis

Ich suche mir einen gemütlichen Platz zum Lesen.

Ich frage nach, wenn ich ein Wort nicht verstehe.

Ich zeige mit dem Finger oder einem Gegenstand auf das Wort, das ich lese.

Konzeption

Die Arbeitsheft-Reihe **Lies richtig** orientiert sich an den nationalen Bildungsstandards für den Primarbereich (Beschluss der KMK vom 15.10.2004) und fokussiert den Kompetenzbereich Lesen im Hinblick auf grundlegende Lesestrategien. Um Strategien erfolgreich zu vermitteln, sollten Kinder Lesen als etwas Lustvolles, Aufregendes, aber auch als etwas Pragmatisches erleben. Durch eine Auswahl unterschiedlicher Textsorten werden die Kinder mit einem breit gefächerten Literaturangebot konfrontiert, zu dem literarische Texte, Gebrauchstexte und nicht-kontinuierliche Texte zählen. Zu jedem Lesetext bearbeiten die Kinder Aufgaben mit unterschiedlichen Schwerpunkten. Zentrale Aspekte zur Entwicklung der Lesestrategien sind Übungen zur:

• Lesetechnik (z. B. unterstreichen, Buchstaben oder Wörter ergänzen, genau lesen);
• Sinngestaltung (z. B. Pausenzeichen, Betonungswörter, unterschiedliche Stimme bewusst einsetzen);
• Sinnentnahme (z. B. Angaben malen, Bild und Text verbinden, Satzende finden, Fragen beantworten);
• Texterschließung (Schlüsselwörter, Texte entflechten, Reihenfolge herstellen, Text/Text Vergleich) und zur
• Textpräsentation (Texte vortragen, Dialoge lesen, Texte vertonen).

Durch wiederkehrende Aufgabentypen, die progressiv angelegt sind, ist es den Schülerinnen und Schülern möglich, selbstständig mit dem Arbeitsheft zu üben. Die Symbole neben den Aufgaben fordern die Kinder auf, ihre Arbeit an den einzelnen Aufgaben zu reflektieren und selbst einzuschätzen. Diese Selbsteinschätzung stellt wiederum ein wichtiges Diagnoseinstrument für die Lehrkraft dar.